DANIELE LONGOBARDI

LO STUDIO DIFFUSO DI ARCHITETTURA

The diffused studio of architecture

Prefazione di Pier Manuel Scarpato
Traduzione di Niki Leiper

ISBN : 978-1-291-75995-2

www.studioutc1.com

danielelongobardi@studioutc1.com

"L'artista deve essere al servizio solo di se stesso, l'architetto della società."

(Adolf Loos – Parole nel vuoto)

PREFAZIONE

Mi ricordo quella sera che ricevendo una chiamata, Daniele mi annunciava con trepidazione che aveva acquistato un dominio.
Lo studio diffuso era nato.
Era un fiume in piena, tante informazioni, tante idee, tante speranze. Tutto nasce come concetto di vivere l'opera dell'architetto ai giorni nostri. Come muoversi, come iniziare, come gestire le proprie possibilità, come affacciarsi alla professione in una maniera alternativa, ecco alcune delle scintille che lo hanno mosso.
Quella sera stessa io potevo vedere quell'embrione che poi man mano si è sviluppato crescendo sempre più occupando lo scenario che sempre ci eravamo prefigurati.
La pagina web aveva un nome, un logo ed alcune pagine già ben strutturate; io ho avuto l'onore ed il privilegio di vederla nascere, seguirne l'evoluzione e in alcuni casi offrire il mio contributo.
Tutto nasce da un' idea, qualcosa di semplice ma dalle grandissime potenzialità, e dall'idea si va direttamente alla sua immediata realizzazione; questo è lo spirito che incarna il suo fondatore e viene perseguito in tutta la sua opera.
Lo studio diffuso non è solo un gruppo di professionisti che si riuniscono sfruttando tutte

le potenzialità della rete, ma soprattutto un modo di reinterpretare la figura dell'architetto intesa come un umanista possessore delle arti e della tecnica.
Nell'attuale tormentato momento di complesse incertezze, tentare di comprendere il senso e la logica nella continua modificazione dell'habitat umano ci pone a sostenere una sfida che ha dirette conseguenze con le relazioni tra professionisti e le svariate discipline.
Ne consegue che flessibilità e l'adeguarsi a continui cambiamenti sono risposte valide a questa contingenza temporale che si ripercuote direttamente sulla qualità architettonica .
Questo è solo un modo per innovare, rompendo gli schemi acquisiti, per poterne creare dei nuovi, più coerenti coi tempi, cogliendo ogni possibilità che la realtà contemporanea ci propone.
Condividere le proprie considerazioni e capacità a servizio di un bene comune, che si chiama progetto di architettura, è lo spirito che anima il gruppo.
La qualità architettonica si configura come la risultante finale di in processo di integrazione di molteplici scelte, nella quale convergono aspetti formali, tecnici e funzionali.
Lo sviluppo del progetto architettonico contemporaneo richiede articolate letture interpretative che possono far riferimento ad un approccio progettuale capace di integrare specialisti e molteplici saperi.
È un gruppo che non ha confini territoriali definiti, anzi auspica collaborazioni internazionali soprattutto della fascia del

nostro fuso orario (UTC+1). Progettare grazie al web, da più parti del mondo, riunendosi virtualmente in uno studio alla stessa ora, è il fattore che rende realizzabile l'idea di studio diffuso.

Potrebbe essere un' utopia, un qualcosa di difficile realizzazione o comprensione; ma vi posso assicurare grazie ad una buona organizzazione questa cosa è una realtà. Una macchina che funziona bene, che ha sempre bisogno delle sue regolazioni ma che offre sempre alte prestazioni. Una vera garanzia.

Pier Manuel Scarpato
Marzo 2014

UNO STUDIO DI STUDI

L'evoluzione del mercato del lavoro ha determinato un incremento dello svolgimento in maniera associata della libera professione mettendo così in discussione la figura del singolo professionista, in grado di svolgere qualunque tipo di attività.
Fa parte del carattere stesso del libero professionista intraprendere attività in maniera autonoma senza particolari legami rinunciando molto spesso al confronto con i colleghi, visti solo come dei "concorrenti" e a fronte di tutto ciò è evidente che la scelta di associarsi per un professionista è quasi sempre sofferta ma spesso necessaria per diversi motivi :

- Divisione delle spese
- Aumento della capacità lavorativa
- Aumento delle specializzazioni
- Unione delle forze/riduzione dei tempi
- Condivisione della clientela

Nello specifico possiamo dire che riuscire a confrontarsi con le epoche che cambiano con nuovi spazi, nuovi usi, nuove attività e nuovi modi di vivere, è una dote necessaria nella figura di un architetto.

Questa dote gli deriva dal carattere stesso del suo mestiere di progettista che spesso consiste nel generare soluzioni per sé e per gli altri.
Riuscire ad entusiasmare il proprio committente, molto spesso non basta, perché non è necessario per ottenere un'adeguata visibilità che poi porti alla conseguenza di attivare nuove opportunità lavorative.
Attualmente dunque, la nostra professione è seriamente minacciata, ha perso il suo valore ed è sottovalutata.
Non solo nella vita reale di tutti i giorni ma anche navigando in internet è facile leggere il malcontento di noi professionisti, i nostri sfoghi e i nostri problemi.
Esaminando me stesso, ho pensato che per risolvere tali problemi, che inevitabilmente ci affliggono, bisogna guardare avanti; quindi creare un legame tra i liberi professionisti, sia per affrontare i tempi che corrono ma soprattutto per generare nuove occasioni proponendo:

- Nuove collaborazioni tra diverse figure

- Viaggi e cultura

- Nuove possibilità lavorative

Lavorare in equipe con altri professionisti del settore ci arricchisce e ci aiuta a capire noi stessi e gli altri, le nostre attitudini e capacità che vengono fuori proprio attraverso il confronto.

Personalmente ho sempre pensato di avere una buona dote organizzativa e creativa, quindi che dovevo seguire semplicemente le mie attitudini e questo mi ha permesso di pensare a qualcosa di coinvolgente. Per cominciare ho cercato di ottenere un po' di informazioni, allo scopo di capire quale fosse il reale problema dei nostri tempi, uno dei risultati di queste informazioni è che attualmente in Italia, oltre il 99% degli studi professionali d'architettura ha meno di cinque dipendenti, questo fa capire chiaramente che nel mio paese c'è scarsa possibilità di fornire lavoro e di formare un giovane architetto.
Fondamentalmente il libero professionista non è altro che un lavoratore che svolge la propria attività fornendo un lavoro e delle prestazioni di tipo intellettuale, senza essere soggetto a datori di lavoro. Ho pensato dunque, sulla base di questo, che potevo realizzare la mia idea di collaborare insieme ad altri lasciando ad ognuno la propria indipendenza, non alterando cioè quella che è la figura del libero professionista in sé, quindi non arrivare a quella scelta "sofferta" suddetta, ma anzi trasformarla in una fantastica sfida che porti ognuno di noi a relazionarsi con nuovi professionisti, dunque :

- mettersi insieme;

- tutelarsi l'uno con l'altro;

- decidere di fare squadra oppure no a seconda delle circostanze;

- tornare ad essere forti e rispettati;

- fare della dinamicità lavorativa il nostro cavallo di battaglia;

- mirare infine a non porsi limiti.

Ciò di cui avevo bisogno era un progetto chiaro, un obiettivo ben definito e soprattutto la volontà di realizzarlo.
Ho deciso di andare oltre a modo mio sulla base di quest'idea, di attivare un sito internet e di provare a "reclutare" professionisti in giro per il mondo; a questo punto non restava che realizzare quello che da tempo avevo sempre sostenuto e quindi considerare il lavoro del progettista un lavoro di tipo "sociale".
Per dare un'idea più chiara di questo termine, si può pensare al periodo dell'università in cui i continui contatti con amici e colleghi, voluti o non voluti, permettevano confronti e scambi di idee. Mi domandavo, a questo punto, perché da studenti potevamo essere tutti li circoscritti in un aula, numerosi, chiassosi e invece da professionisti dovevamo mantenere la nostra indipendenza nel nostro studio, ognuno a sfruttare i propri contatti? Perché se anche nel mondo del lavoro siamo in tanti, non possiamo riunirci, non in un aula universitaria, ma unirci attraverso l'uso di internet? Avendo la possibilità di confrontarsi con professionisti di

altri paesi? E poi c'era da considerare un aspetto fondamentale, in seguito all'esperienza universitaria e ai consigli di amici e parenti del settore, avevamo davvero imparato tutto quello che c'era da sapere? La risposta immediata è ovviamente no! C'è sempre da imparare per qualunque essere vivente, figuriamoci per un professionista che svolge un'attività di tipo intellettuale e allora quale miglior modo di imparare e di crescere se non attraverso il confronto con altri professionisti? Non i nostri amici, ma nuove situazioni, altri luoghi, altre culture, altre persone!
Ebbene si, ecco che si arriva al concetto di "diffuso", questa parola viene così definita del dizionario : *sparso largamente, propagato, che si espande in modo uniforme*, ecco qualcosa che si diffonde, ma come diffonderlo? Come per gli architetti, ingegneri e geometri e quindi i professionisti del mio settore? Ecco che mi venne in mente qualcosa, che avevo visto durante i miei studi e la mia professione, l'albergo diffuso, già, un albergo che materialmente non si sviluppa su di un solo edificio ma si diffonde in una determinata area o spazio attraverso più costruzioni, spesso invece nasce sfruttando spazi preesistenti all'interno dei centri storici delle grandi città, a volte anche attraverso l'intesa di privati cittadini che mettono a disposizione i loro spazi formando dei bed & breakfast.
Attraverso questo esempio, ma con una visione più larga mi venne l'idea di uno studio diffuso di architettura, un luogo dove tutti i professionisti possono formare un gruppo, pur

mantenendo la propria indipendenza e quella del loro studio professionale, semplicemente associandosi in maniera formale dando il proprio appoggio alla formazione di quest'idea, il ruolo di questo studio diffuso è dunque quello di generare contatti, proporre progetti, fare da "nucleo" per generare lavoro, conoscenza, partecipazione, ogni singolo professionista può indicare le proprie attitudini e proporre agli altri membri del gruppo attività progettuali nella sua città, facendo conoscere i problemi urbanistici di quei territori e scambiando opinioni con persone di città diverse.
Soltanto arrivando a un approccio comune in tutti questi settori lo studio può avere un peso effettivo.
L'idea di "unirsi" restava l'unica opzione per cambiare le cose, non aveva infatti alcun senso bloccarci reciprocamente e continuare a battibeccare sui nostri problemi professionali, mentre i grandi studi già collaudati continuavano a superarci ad altissima velocità.
Dovevamo dunque fare una scelta chiara : non cambiare nulla e fare la parte degli spettatori, oppure imboccare una via nuova ed essere protagonisti sulla scena mondiale. Dovevamo decidere dunque di esserlo unendo le forze, facendo parte di un unico studio diffuso.
Ho deciso, quindi, di fondare questo studio seguendo due modelli :

- il primo che rimanda a un social network, e quindi con una semplice iscrizione, non onerosa, senza impegno, senza particolari richieste, in modo da attirare i liberi professionisti, gli studenti e chiunque possa cogliere l'idea di formare uno studio diffuso per il nostro settore;

- il secondo è quello di avere un approccio comunitario, quindi tenersi in relazione, organizzare degli appuntamenti, proporre delle attività professionali, e tutte quelle cose che possono servire a farci sentire meno nella "mischia" rispetto a un vero e proprio affollatissimo social network.

L'argomento più convincente per entrare a far parte dello studio, è, soprattutto puntare sulla consapevolezza generale che si può vincere ed essere competitivi solo restando uniti. Ogni singolo professionista lasciato a se stesso non può non restare sommerso dalla concorrenza.
Come abbiamo appena detto, in Italia oltre il 99% degli studi professionali di architettura ha meno di cinque dipendenti, attualmente possiamo dire che ogni studio professionale ha le sue funzioni e presta i suoi servizi, alla stessa maniera di tutti gli altri, fin ora l'unica forma di concorrenza, escludendo ovviamente il lavorar bene (pur sempre avendo delle pari opportunità), è stata quella di "sperare" nel fallimento dei troppi studi professionali pronti a farsi concorrenza fra loro. La fusione di questi servizi sotto un unico studio, a mio avviso porta a un migliore scambio di informazioni, investe di più sulle attitudini di ogni singolo professionista, riduce e in alcuni casi annulla

completamente i costi, ma soprattutto ci permette di avere più peso nel panorama mondiale e incoraggia gli altri professionisti, le imprese e il mondo del lavoro a vedere in noi un partner più interessante alimentando quindi la cooperazione, la stabilità e il benessere.
Dobbiamo quindi stare attenti a non scegliere quella che può sembrare la soluzione più semplice : lasciare che anche i servizi dei professionisti siano ridotti a merce di scambio. Oppure ci uniamo e optiamo per una nuova frontiera.
Dunque unire le forze, collaborare attraverso internet e tutti i mezzi informatici che ci vengono messi a disposizione nella nostra epoca, coordinarsi negli orari di lavoro, dividersi il lavoro secondo le proprie attitudini, accettare il confronto con gli altri e inevitabilmente progredire.

Ecco come nasce uno studio diffuso di architettura.

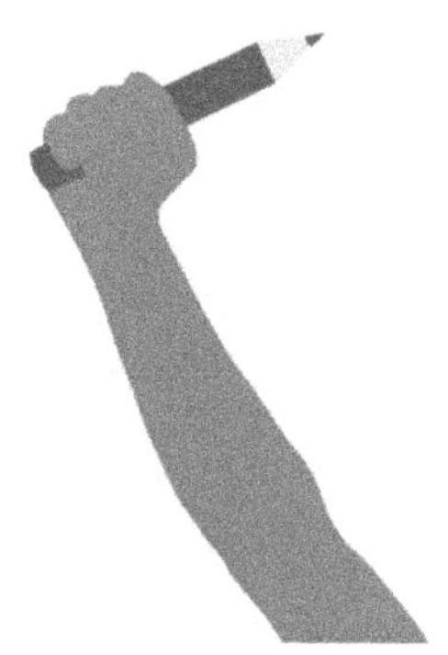

STUDIO UTC+1®

"Lo Studio UTC+1®, prende parte alla realizzazione di progetti insieme a progettisti collocati in più punti del pianeta, sfruttando il fuso orario UTC+1, un modo per darsi un ordine, un tempo e una disciplina, al fine di ottenere coordinamento negli orari di lavoro."

Il primo pensiero che ho avuto, costituendo lo Studio UTC+1® è stato quello di dare un "ordine" che, a mio avviso, è forse il principale talento di un buon architetto, ho pensato dunque che il modo più efficace per poter dare questa sensazione, può essere un diretto collegamento con il tempo, visto come la dimensione principale per l'organizzazione dell'uomo, quindi provare a collocarsi in una fascia attraverso il tempo coordinato universale stabilito dall'uomo stesso per il pianeta.
E' stato allora che ho pensato al fuso orario rappresentativo anche del mio paese come nome identificativo per lo studio.
Il secondo pensiero avuto, una volta scelto il nome per lo studio diffuso è stato quello di non trasformarlo in un' "esclusiva", cioè non doveva essere anch'esso un ennesimo luogo di "selezione" dove sentirsi sotto esame o vittima di ingiustizie come spesso succede nel mondo che ci circonda, ma doveva essere un luogo dove qualunque professionista del settore (Architetto, Geometra, Ingegnere) potesse

aderire semplicemente compilando un form d'iscrizione, all' interno del sito del gruppo, ovviamente ponendo come unica condizione la volontà di collaborare senza riserve a questo progetto così ambizioso.
Far parte dello studio, significa non solo fare squadra, unire le forze e conoscere e confrontarsi con altre persone, ma fondamentalmente essere rappresentati dagli altri e rappresentare gli altri, dunque avere un potere di rappresentanza reciproco con i propri colleghi e inoltre avere la facoltà di poter dire di essere diffusi sul territorio, di avere colleghi di uno stesso gruppo presenti in più città e paesi del mondo, sentirsi liberi di contattarli per chiedere consigli e confrontarsi, per mostrare il proprio lavoro e i propri progetti e in più dando l'impressione di essere ovunque nel nostro pianeta, perché non avendo più confini, possiamo essere in ogni luogo, presenti, attivi, unici.
Fondato il gruppo bisognava rappresentarlo attraverso un logo, decisi dunque di idearne uno.
Il logo dello studio riprende in maniera schematica i tre corpi principali facenti parte della fascia UTC+1, quindi penisola Scandinava, Europa occidentale e parte dell' Africa.
I colori scelti che vanno dal grigio chiaro fino al nero, stanno ad indicare le tre fasce climatiche principali del pianeta : tropicale, temperata e polare.
Il simbolo così ottenuto vuole anche rappresentare il nostro "picchetto" fissato

come segnale in tutti i territori coperti dalla presenza dello STUDIO UTC+1®.
Il picchetto, piantare il picchetto, è paragonabile a due situazioni :

- a uno scalatore, quindi al picchetto da montagna o da neve, necessario per l'assicurazione su neve, ghiaccio o pareti rocciose, perciò un modo per tenersi al sicuro per determinate attività

- al raggiungimento di un traguardo, alla conquista di uno spazio, quindi lasciare un segno del passaggio su quel determinato territorio

Dunque questo determina la "presenza" di un gruppo di persone in un determinato luogo e quindi il picchetto è il segno che in quei luoghi c'è stata un'attività collettiva, il più chiaro esempio di vita e civiltà umana.
Fin dai suoi esordi lo Studio UTC+1®, ha esercitato un fascino particolare, soprattutto per le persone in evidenti difficoltà professionali ma anche per i giovani laureati e per gli studenti stessi, tutto questo, ha notevolmente sottolineato la necessità di trasformare lo studio in un progetto coerente e globale, capace di fornire risposte, proporre progetti per far fronte alle numerose sfide che si presentano e che si presenteranno.
C'è chi nello Studio UTC+1® vede solo una rete di contatti in più, un nuovo sito internet dove inserire il proprio portfolio per poi sparire nel

nulla, senza partecipare a nessuna attività proposta dal gruppo, tutto questo è poco sensato considerando la ben più ampia visibilità di altre piattaforme web. In questi casi è chiaro capire che non per forza è necessario aspettare la partecipazione di tutti, quanto invece lo è capire che come in tutti i gruppi, l'iniziativa spetta a un nucleo centrale di membri più attivi e propositivi.
Questa scelta presenta diversi vantaggi, il primo è quello ovviamente di rendere libera la scelta di partecipare o meno alle attività proposte, il secondo, quello di ottenere l'attenzione di chi è veramente interessato a quella determinata attività.
Questi membri più attivi, devono avere insieme a me in quanto presidente e fondatore del gruppo, l'ambizione di sviluppare una politica di cooperazione per far fronte a tutti i problemi che affliggono i professionisti nella nostra epoca. Dobbiamo unire le forze per dare un nuovo impulso allo sviluppo professionale di tutti noi senza peccare di presunzione ma ponendoci con umiltà e disponibilità al confronto con gli altri e farci promotori di un pensiero comune e infine parlare con una sola voce sulle questioni della progettazione architettonica e urbanistica moderna.

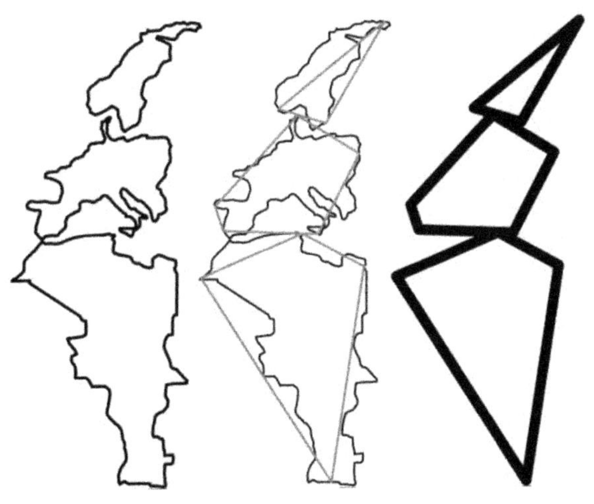

QUESTIONI PRATICHE

Dal punto di vista puramente pratico lo Studio UTC+1® può essere visto come una classica associazione temporanea tra professionisti attraverso la gestione di un'opera in maniera divisibile tra i singoli professionisti; in particolare un solo professionista, il capogruppo, identificato come colui che propone il progetto, si occupa di tutta la gestione e la buona riuscita dell'attività, da solo ha rapporti con il committente per conto di tutti gli altri e infine ad opera compiuta riceverà il corrispettivo totale suddividendolo successivamente per tutti gli altri componenti del gruppo, sulla base del lavoro prodotto.
Questa associazione temporanea tra professionisti è supportata da un marchio registrato, il logo dello studio stesso, che è fondamentale per rappresentare i lavori di tutto il gruppo attraverso un segno distintivo.
Non sempre, nonostante le belle premesse, si può essere predisposti a lavorare in squadra.
E' facile sentirsi dire : "*Mi piace molto l'idea di questo gruppo, ma penso comunque che io sia profondamente legato a un tipo di rapporto reale e di vicinanza costante con i miei colleghi e ritengo che la necessità di un sopralluogo, di un rilievo, di un approccio visivo sul luogo d'intervento è sempre necessaria, che posso fare?*"

Rispondendo a un quesito del genere cerco di far capire che lo studio diffuso non deve esser visto solo come una promessa o come un modo per uscire dall'impasse professionale di ognuno di noi, quanto invece deve essere visto come una sfida, una sfida per noi stessi, di scoprire aree ancora per noi inesplorate e di far scoprire agli altri le stesse cose che però appartengono a noi e in quanto tali possiamo condividerle con i nostri amici e colleghi, dunque, autolimitarsi non porta lontano ma anzi frena la nostra crescita professionale, mentre avere la capacità di cimentarsi in situazioni che ci sembrano non ordinarie per il nostro modo di vedere la progettazione può essere non solo interessante ma credo necessario per tenerci al passo coi tempi.
Continuando a guardare l'aspetto pratico possiamo indicare per questo tipo di lavoro di gruppo una struttura di base divisibile in due fasi principali :

- Fase preliminare : proposizione di ogni progettista delle sue idee di progetto mettendole in confronto con quelle degli altri ottenendo così un dibattito che porti ad ottenere un'idea di progetto definitiva e ben delineata che porti con se le migliori idee di ogni progettista, questa fase è ovviamente aperta a tutti i progettisti del gruppo ed è fondamentale per conoscersi e passare così alla seconda fase,

- Fase esecutiva : suddivisione del lavoro secondo le attitudini dei progettisti in squadra che permetta di sviluppare il progetto al meglio.

Faremo adesso due esempi pratici per provare a capire come si sviluppa il lavoro di squadra e come si forma una società.
Il lavoro di squadra è paragonabile a quello di una squadra sportiva, essa non è altro che un insieme di persone che si allenano, si confrontano e fanno gioco di squadra.
All'interno di una squadra ognuno ha il suo ruolo ben definito, è fondamentale la fiducia negli altri compagni e ognuno prova a seguire le sue attitudini per dare il meglio di sé, per sé e per gli altri, una squadra otterrà successo se è dotata di professionisti preparati ma soprattutto in accordo e ben organizzati che si rispettino fra loro.
Può verificarsi tuttavia che all'interno di una squadra, un giocatore non rispetti il suo ruolo o dimostri chiaramente di essere più adatto rispetto a un altro giocatore a quel determinato ruolo, ci sarà dunque un cambiamento che fa parte dell'evoluzione della squadra stessa, come del resto l'acquisizione in squadra di un nuovo componente che può apportare novità e migliorare, si spera, la squadra stessa.
Allo stesso modo tra noi professionisti, ognuno avrà il suo ruolo, il progetto di architettura è il nostro gioco di squadra, il nostro schema, la nostra direzione, il nostro modo di agire, e una volta stabilito, confrontandoci fra noi realizzeremo quello che per una squadra è un

allenamento, attraverso questo infine sarà facile stabilire dei ruoli secondo le attitudini, e sfruttando a pieno le potenzialità di ognuno di noi, saremo così pronti a giocarci la partita.
Lo formazione di una società, invece, è facilmente paragonabile al concetto di città, la città che viene indicata da tutti i teorici e storici dell'architettura, come la massima espressione dell'uomo sulla terra, viene indicata come il più chiaro esempio di civiltà, l'esempio di un fatto permanente, universale e necessario, questo è dato dal bisogno dell'uomo di creare un ambiente più propizio alla sua vita, ed è così che la città cresce aumenta i suoi servizi, acquista coscienza e memoria di se stessa, diventando così parte integrante della vita dell'uomo, della sua memoria, della sua cultura, di ogni fatto della sua vita, ogni suo ricordo sarà collegato a un determinato luogo.
La città è fatta dall'uomo, l'uomo che si fa architetto, condivide esperienze con gli altri, partecipa alle attività collettive, ascolta le esigenze sue e delle altre persone, attraverso queste scelte, si formeranno strade, quartieri e monumenti. E' così che nasce anche uno studio diffuso di architettura, una società appartenente a una città unica nel mondo, la città virtuale che abbraccia tutte le culture e le mette insieme creando così un confronto maturo e continuo tra le diverse realtà.

UNIONE, PARTECIPAZIONE E CONFRONTO

Una volta entrati nel sogno, bisogna creare unione, voglia di fare, voglia di lavorare insieme e di fidarsi degli altri.
E' importante rispettare gli altri, come lo è sempre quando si fa parte di un gruppo, di una squadra, quando si sta nella società civile.
E' chiaro che questa nuova proposta non risultava semplice, ma chi ha mai detto che doveva esserlo? Non mi interessava, non ci interessava, volevo una squadra, un gruppo di persone pronte a collaborare tutte insieme, senza spostarsi dal proprio studio, dal proprio quartiere, dalla propria città, il tutto doveva avvenire attraverso l'uso dei mezzi proposti dai nostri tempi, attraverso internet.
Il primo passo che poteva portare a una solida intesa tra i vari professionisti, doveva essere il rispetto per noi stessi e per gli altri.
Il rispetto per noi stessi è dato dalla capacità di capire le proprie attitudini lavorative, capire in che modo si può essere più incisivi e in quale settore, questo può identificarsi anche semplicemente sulla base dei nostri corsi di studio e delle nostre esperienze professionali pregresse fino al momento di affrontare questa nuova esperienza.
Il rispetto per gli altri è dato invece dal capire il tempo che si può mettere a disposizione di tutti, rispettando le scadenze e confermando la

propria disponibilità secondo le regole, ma soprattutto capire quando partecipare e quando invece può essere meglio aspettare un momento migliore nel quale far combaciare la propria attività di professionista con quella di gruppo.
Anche questa è unione, anche solo il capire di che squadra si vuole far parte, di aspettare il momento giusto, di aiutare il gruppo a modo proprio, di partecipare.
Ci vuole dunque innanzitutto più armonia e coerenza tra tutti i membri del gruppo.
Avendo formato il gruppo, non potevo essere soddisfatto, ci doveva essere confronto e partecipazione, voglia di interessarsi, di proporre attività, di conoscere gli altri.
Si trattava di incoraggiare questo tipo di attività, di mettere fine a quella "chiusura" che si innesca in seguito al raggiungimento della laurea, si trattava di superare quella riduzione culturale e di andare incontro con coraggio alle più disparate realtà, siano queste sotto forma di semplice differenza generazionale dei progettisti, di attitudini diverse, di diversi corsi di studi, diversi docenti, fino ad arrivare a città e nazioni diverse.
Nonostante le maggiori difficoltà logistiche dei lavori di gruppo non si può negare il fatto che il lavoro viene comunque suddiviso e quindi è necessariamente minore rispetto a quello che si può produrre in solitario, ma oltre a questo non si può assolutamente negare l'appoggio dei colleghi, la voglia che si ha di andar avanti per raggiungere quel determinato obiettivo, la possibilità di "nascondersi" e quindi porsi

all'ascolto quando c'è da imparare o di mostrarsi quando c'è da illustrare le proprie virtù di progettista a seconda delle circostanze, tutto questo ci è consentito in quanto parte di un gruppo! Non è così anche nella vita di tutti i giorni? Sin da quando veniamo al mondo riusciamo ad avere qualcuno intorno a noi, facciamo "gruppo" con i nostri genitori, con i parenti, con gli amici, con le persone che incontriamo in strada e con le quali condividiamo dei pensieri.
Allora perché non portare tutto questo anche nell'attività professionale? La condivisione e il confronto, l'uso dei social network, la fruizione dei siti internet, la voglia di far sentire che ci siamo, già solo nel momento in cui abbiamo mostrato un nostro progetto, lo stiamo condividendo con tutti.
Anche solo questo è un chiaro esempio di partecipazione, ma si può fare sicuramente di più, è possibile prendere parte ai progetti, proporne altri, farsi conoscere, ottenere rispetto, lasciare un ricordo nelle menti dei colleghi con lo scopo di accrescere noi stessi, capire i nostri limiti, provare a superarli attraverso il confronto con gli altri.
Sì il confronto è necessario, fondamentale, in quanto può permetterci di trovare nuovi partner lavorativi, rendendosi conto che avendo la possibilità di lavorare con più persone di diversi luoghi si può trovare una particolare affinità con un collega, una possibilità che non potremmo mai avere fossilizzandoci solo sui nostri luoghi natii, sugli ex colleghi di università, sui vecchi parenti e

amici; tutto questo, il collaborare di volta in volta con i migliori colleghi possibili generando una rete di contatti, è il fine ultimo dello Studio UTC+1®. Non bisogna dunque avere timore di aver proposto o lavorato di più in un gruppo per un determinato progetto ma anzi, esserne fieri in primo luogo per aver dato una forte impronta personale a quel progetto, un motivo di orgoglio per ogni progettista, in secondo luogo per aver avuto la possibilità di manifestarsi nel modo migliore rispetto ad altri colleghi con la conseguenza di avere più possibilità per il futuro avendo mostrato apertamente le proprie capacità ad altri colleghi e dunque avendo dimostrato di essere più indicati rispetto ad altri per future collaborazioni anche al di fuori del gruppo.

Possiamo infine dimostrare che a spese zero, ma soprattutto restando ognuno nel suo studio professionale, nella sua città, nel suo quartiere, e solo con l'utilizzo di tutti i mezzi informatici, siamo in grado di competere con i grandi studi di architettura, possiamo dimostrare di avere la stessa forza e la stessa qualità, essendo in tanti, avendo perfetta padronanza dei mezzi informatici, avendo idee innovative, avendo la possibilità finalmente di portarle alla luce senza subire continuamente quelle degli altri, di avere lo stesso trattamento professionale nel confronto con altri colleghi solo perché come loro si è in possesso dello stesso titolo di studio, possiamo dimostrare di vincere, di essere il futuro che avanza, di essere il nuovo modo di fare architettura nel mondo.

LO STUDIO DIFFUSO COME STORIA

Proverò a dimostrare come lo studio diffuso, visto come la collaborazione in rete di più professionisti associati che mantengono la loro individualità è una conseguenza stessa della storia.
La storia è l'accadere delle vicende umane, lo svolgersi delle civiltà lo studio dei fatti e della loro struttura. Essa riguarda non soltanto l'aspetto materiale dei fatti ma è anche una sintesi di una serie di valori, di idee che vanno oltre la forma fisica e il fatto stesso, andando a segnare una continuità immaginaria.
Buona parte della storia racconta di guerre, battaglie, invasioni, illustra i momenti più difficili dell'umanità che sono legati quasi sempre alla libertà, attraverso la storia possiamo capire quanto l'unione di popoli in momenti di difficoltà e disperazione ha sempre generato una forza straordinaria che ha permesso la rigenerazione dei popoli stessi.
Possiamo dire quindi che l'unione tra i popoli è il più alto esempio di civiltà. Attraverso la storia si genera una memoria collettiva attraverso la quale possiamo conoscere e capire la qualità dei popoli stessi, la memoria, cioè la capacità di conservare e richiamare alla propria coscienza esperienze del passato. Possiamo avere due tipi di memoria, la memoria collettiva e la memoria individuale di ogni persona.

Attraverso la memoria, ogni individuo possiede la sua cultura, e possiede la sua individualità; legando i suoi fatti a quelli degli altri genera altra cultura, altra conoscenza, altra forza, mette in campo, applica e sperimenta forze diverse.
Dunque la collaborazione e la partecipazione e l'unione tra gli individui porta alla crescita e fa parte della storia stessa, quindi anche lo studio diffuso è parte della storia stessa, esso sancisce l'unione tra passato e futuro in quanto porta con se la memoria del passato, data dalla memoria collettiva, dallo studio, dalla vita di ciascun individuo nella sua città, ed è anche proiettato nel futuro perché sfrutta la realtà del mondo attuale con un'ampia visione, pur mantenendo i fondamenti della memoria del passato.
Parlando di futuro, è necessario ipotizzare l'evoluzione e i cambiamenti che può subire lo studio diffuso con il passare del tempo, attraverso il passaggio verso nuove epoche e tutte le trasformazioni che ne conseguono.
Cercheremo dunque di prevedere come potrebbero avvenire questi mutamenti cercando di capire come e in quali campi si applicano e gli effetti che possono produrre.
Possiamo individuare due tesi : la prima che guarda ai fatti economici come preminenti nello sviluppo di qualsiasi cosa, in quanto forniscono la possibilità concreta di sviluppo e mantenimento di un'idea nel futuro. Dunque guardando a un'evoluzione dello studio diffuso è necessario immaginare anche un riconoscimento economico innanzitutto

presente ma anche costante nel tempo che possa dare nuovo slancio alle attività progettuali di architettura e urbanistica.
La seconda tesi, anch'essa molto concreta, individua come punto focale per lo sviluppo e la conseguente evoluzione dello studio diffuso lo stretto rapporto tra i componenti stessi, tra le città e i comuni in cui sono presenti i professionisti in relazione alla collettività.
Si pone dunque il problema delle scelte, queste, molto spesso anche di natura politica, devono essere prese alla luce di intese e accordi legati alla passione e alla partecipazione all'interno del gruppo, proponendo nuove attività nell'interesse di se stessi e di tutti gli altri, solo in questa maniera lo studio diffuso resterà al passo con la storia.

IL MANIFESTO

Il manifesto del gruppo, pone, per mia scelta, come introduzione, una citazione del pittore russo Vasilij Kandinskij :

« L'arte oltrepassa i limiti nei quali il tempo vorrebbe comprimerla, e indica il contenuto del futuro. »

(Vasilij Kandinskij, *Punto, linea, superficie*)

Questo per due motivi fondamentali :

Il primo quello di capire quanto sia importante avere uno spirito creativo nel nostro mestiere di architetti, senza mai dimenticare che appartiene all'arte e sottolineando il fatto che la creatività e l'innovazione generano attrazione, attenzione e quindi successo. Il secondo capire l'importanza del "futuro", quindi quanto possa essere importante investire in un'iniziativa originale e proiettata nel futuro.

Successivamente il manifesto indica il "tempo" attraverso l'epoca in cui ci troviamo e quello che ci permette di avere :

In un'epoca dov'è possibile in soli pochi secondi osservare e scoprire strade, piazze e dunque città di interi paesi del mondo, in un'epoca in cui si possono stringere infinite amicizie virtuali e poterle trasformare rapidamente in amicizie reali, il nostro gruppo nasce per rendere anche l'architettura parte di tutto questo, noi ci collochiamo lì, non in un punto specifico, bensì in una fascia, una fascia segnata unicamente dal tempo che per convenzione la contraddistingue.

Impostato un ordine di tempo, il manifesto pone due domande, ad indicare la novità del concetto di studio diffuso di architettura, la prima per esprimere cosa succederebbe "se" e la seconda per esprimere la possibilità di realizzarlo :

Cosa succede se per la realizzazione di un progetto, il gruppo di progettisti viene formato non da figure della stessa città o vecchi amici ma da tecnici di città o nazioni diverse che prendono parte tutti e contemporaneamente al progetto pur restando ognuno nel suo rispettivo studio?
E' possibile per la realizzazione di una piazza, un parco o un edificio avere quell'importantissimo contributo e arricchimento culturale che deriva dal differente approccio di un progettista di un'altra nazione?

A questo punto non restava che proclamare i punti salienti per il manifesto dello Studio UTC+1® :

Proclamo :

1 Che lo Studio UTC+1® è uno studio diffuso e, come un albergo diffuso, si crea in modo particolare, non si costruisce, ma nasce mettendo in rete spazi pre-esistenti;

2 Che lo Studio UTC+1® prende parte alla realizzazione di progetti insieme a progettisti collocati in più punti del pianeta, sfruttando il fuso orario utc+1, al fine di ottenere un coordinamento negli orari di lavoro;

3 Che l'ispirazione dei nostri progetti è data dall'associazione tra memoria, cultura e partecipazione;

4 Che lo Studio UTC+1® ha tra le sue aspirazioni quello di percorrere il più ampiamente possibile lo spazio architettonico , tra tradizione ed innovazione ricercando un linguaggio che rispecchi i tempi che cambiano e le trasformazioni che si evincono;

5 Che lo Studio UTC+1® da spazio a tutte le idee di rinnovamento architettonico che sperimentano nuove tecnologie nel rispetto dell'ambiente;

6 Che ogni membro contribuisce alla diffusione dello Studio UTC+1® nutrendo interesse e fiducia nella sua crescita, ponendo questioni su argomenti sconosciuti, mettendo le proprie conoscenze a disposizione del sapere altrui.

A questo punto il messaggio era chiaro, chi eravamo e cosa ci proponevamo di fare, bisognava solo farlo sfociare in qualcosa di concreto e il concreto per noi architetti è un progetto che poi viene realizzato.
Questi punti, fissati in collaborazione con i colleghi e membri del gruppo Nadia Bove, Marilena Leto e Pier Manuel Scarpato, hanno lo scopo di tracciare delle linee guida per il tema dello studio diffuso di architettura, visto come un progetto che coinvolga tutti i professionisti del settore in ambito mondiale, che dia l'opportunità a tutti di essere essi stessi parte di un progetto in cui credere, in cui investire per se stessi e per gli altri.

INDICE

DANIELE LONGOBARDI

THE DIFFUSED STUDIO OF ARCHITECTURE

Lo Studio diffuso di architettura

Preface by Pier Manuel Scarpato
Translation by Niki Leiper

"An artist must only serve himself,
an architect serves society"

(Adolf Loos – Spoken into the void)

PREFACE

I remember receiving a call that evening; Daniele informed me with trepidation that he had bought a domain.
It was then that the diffused studio was born.
It was like a overflowing river, so much information, so many ideas, so many hopes. It all started from the concept of embracing the work of an architect in today's world. How to proceed, how to start, how to manage the possibilities, how to demonstrate the profession in an alternate way, these are just some of the sparks that ignited the project.
That very same evening I could see the embryo that has gradually developed, increasingly growing, becoming the scenario that we had always envisaged.
The web page had a name, a logo and a few well-structured pages; I have had the honour and privilege of witnessing its birth, following its evolution and at times, even offering my own contributions.
It all started from an idea, something relatively simple but with great potential, and from the idea its immediate implementation directly followed; this is the spirit that embodies its founder and is pursued in all of his work.
The diffused studio is not just a group of professionals coming together to leverage the full potential of the network, but above all a

way to reinterpret the role of an architect seen as a humanist possessor of art and technique.
In the current situation plagued by complex uncertainties, trying to understand the meaning and logic in the continuous modification of the human habitat brings us to take on a challenge that has direct consequences on the relationships between professionals and the various disciplines.
Consequently, flexibility and the ability to adapt to constant changes are valid responses to this temporal contingency that has a direct impact on architectural quality.
This is just one way of innovating, breaking the existing rules so as to create new ones, more consistent with the times, seizing every opportunity that contemporary reality offers us with both hands.
Sharing thoughts and abilities to create a common good, known as architectural design, is the spirit that drives the group.
Architectural quality is the final result of a multiple choice integration process, in which formal, technical and functional aspects converge.
The development of a contemporary architectural project requires articulated interpretations that may refer to a design approach that is capable of integrating specialists and diverse knowledge.
It is a group that has no defined territorial boundaries; in fact, it encourages international collaboration especially within our time zone (UTC+1). Designing from several parts of the world, thanks to the web, meeting in a virtual

studio at the same time, is the factor that makes the idea of a diffused studio feasible.
It could be a utopia, something difficult to achieve or understand, but I can assure you, thanks to excellent organisation, this thing is reality. A well-functioning machine, which always needs maintenance, but always offers high performance. A real guarantee.

Pier Manuel Scarpato
March 2014

A STUDIO OF STUDIOS

The evolution of the labour market has led to an increase in execution in a manner associated with independent practice, thus calling into question the role of an individual practitioner, able to carry out any kind of activity.
It is part of the very nature of a freelancer to undertake activities autonomously without any particular ties, often refusing to engage with colleagues, seen only as "competitors" and in the face of all of this it is evident that the choice of associating themselves with others is almost always painful but often necessary for several reasons:

- Division of costs
- Increased working capacity
- Increased specialisation
- Union of strengths/time reduction
- Customer sharing

More specifically, we can say that being able to deal with times evolving with new spaces, new

uses, new activities and new ways of living, is a necessary skill in the role of an architect.
This skill comes from the very nature of an architect's trade as a designer that often consists of generating solutions for themselves and others.
Impressing the client is very often not enough, as it is not necessary for obtaining an adequate visibility that consequently leads to the generation of new job opportunities.
Therefore, currently, our profession is seriously under threat, has lost its value and is underrated.
Not only in every day life, but also when browsing the Internet it is easy to read about the discontent of us professionals, our complaining and our problems.
In examining myself, I came to the conclusion that in order to solve these problems, which inevitably affect us, we must look forwards; thus, create a link between freelancers, both to tackle the times that we live in and above all to generate new opportunities by offering:

- New collaborations between different professionals
- Travel and culture
- New job opportunities

Working as part of a team alongside other sector professionals enriches us and helps us

to understand ourselves and others, our aptitudes and skills that emerge through engaging with others.
Personally, I have always thought that I have good organisational and creative skills, therefore I simply had to follow my instinct and this allowed me to think of something exciting.
To begin with, I attempted to gather some information in order to understand what could be the real problem of today. One of the outcomes of this research was that currently in Italy, more than 99% of professional architecture studios have fewer than five employees; this clearly demonstrates that in my country, there is little opportunity to offer employment and train young architects.
Essentially, a freelancer is nothing more than a worker that conducts business by offering intellectual labour and services without being subjected to employers. Based on this, I began thinking that I could realise my own idea of professionals working together with others whilst maintaining their independence, not altering the role of a freelancer in itself, thus not having to make that "painful" choice previously mentioned, but rather transforming it into a fantastic challenge that leads each of us to relate to new professionals, therefore:

- Coming together;

- Protecting each other;

- Deciding whether or not to make a team depending on the circumstances;

- Becoming strong and respectable once more;

- Making dynamic working our strong suit;

- Finally, having aspirations with no limits.

All I needed was a clear plan, a well-defined objective and above all the will to make it all happen.

I decided to proceed in my own way, on the basis of this idea, by creating a website and attempting to "recruit" professionals from around the world; at this point, all that remained was to build that which I had long supported and thus consider a designer's work as "social".

In order to give a clearer idea of this term, we can think of the university period in which we were in continuous contract with friends and colleagues, wanted or unwanted, allowing engagement and the exchange of ideas. At this point I asked myself, why could we as students all be confined within a classroom, numerous, boisterous and yet, as professionals, we must maintain independence in our studios, each benefiting from their own contacts? Why, even if there are many of us in the world of work, can't we come together, not in a university classroom, but through the use of the internet?

Having the possibility to meet professionals from different countries? Then, a fundamental aspect needed to be considered; following our university experiences and advice from friends and relatives within the sector, did we really learn everything that there was to know? The immediate answer is obviously no! There is always something for every human being to learn, let alone for a professional that engages in intellectual activities and so, what better way is there to learn and grow if not through coming into contact with other professionals? Not our friends, but new situations, different places, different cultures, different people!

So yes, here I show how we got to the concept of "diffused", defined by the dictionary as: *widely spread, propagated, which expands in a uniform manner,* it's something that spreads, but how can we spread it? How can we spread it to the architects, engineers and surveyors and thus the professionals of my sector? Here's something that comes to mind, something that I saw during my studies and my professional career; the diffused hotel, a hotel that does not materially consist of a single building, but is spread out over a particular area or space through multiple buildings, often derived from the leveraging of pre-existing spaces within historical centres of large cities, sometimes even through an agreement with private citizens that offer their personal spaces as bed & breakfasts.

By means of this example, but with a wider vision, it occurred to me that I could create a diffused studio of architecture, a place where

professionals can come together and form a group, whilst still maintaining their independence and that of their professional studio, simply associating themselves formally by supporting the formation of the idea. The role of this studio therefore is to generate contacts, propose projects and act as a "nucleus" in order to generate work, knowledge and participation. Each professional may demonstrate their aptitude and propose design activities in their cities to the other members of the group, making the urban problems of those areas known and exchanging ideas with people from different cities.
Only by reaching a common approach in these areas may the study have any effective weight. The idea of "uniting" remained the only option to make a change, in fact, it made no sense to mutually block each other out and continue to bicker about our professional problems, while large accomplished studios continued to surpass us at a very high speed.
We had to make a clear decision: change nothing and carry on with our roles as spectators, or take a new path and become protagonists on the world stage. We therefore had to decide to combine our strengths, becoming part of a single diffused studio.
I therefore decided to base this studio on the following two models:

- the first refers to a social network, involving a simple inscription, without costs, without commitment, without any special requirements, in order to attract freelancers, students and anyone who can understand the idea of creating a diffused studio for our sector;

- the second involves having a community approach, keeping in touch, organising appointments, proposing professional activities and everything that may help us to feel less "crowded" in comparison to a pure overflowing social network.

The most compelling reason for joining and becoming part of the studio is, above all, focussing on the general knowledge that one can gain and becoming competitive only as a result of being united. Each individual professional working alone can't not be overwhelmed by the competition
As mentioned earlier, in Italy, over 99% of professional architecture studios have less than five employees. Currently, we can say that each professional studio has its own duties and provides its own services in the same manner as all of the others, and up until now the only form of competition, obviously excluding hard work (considering that we all have equal opportunities), was "hoping" for the failure of many professional studios ready to compete with each other. The fusion of these services into one studio, in my opinion, leads to a better exchange of information, invests more in the abilities of each individual professional,

reduces and in some cases completely eliminates costs, but above all gives us more strength in the global panorama and encourages other professionals, businesses and the world of work to see us as a more attractive partner thus fuelling cooperation, stability and well-being.
We must therefore take care to not choose what might seem like the easiest solution: allow the services of professionals to be reduced to a mere commodity. Or, we can come together and opt for a new frontier.
Thus, join forces, collaborate through the internet and all other technological means that are available to us in this day and age, coordinate ourselves in working hours, divide the work according to abilities, accept working together with others and inevitably progress.

Here is how a diffused studio of architecture is born.

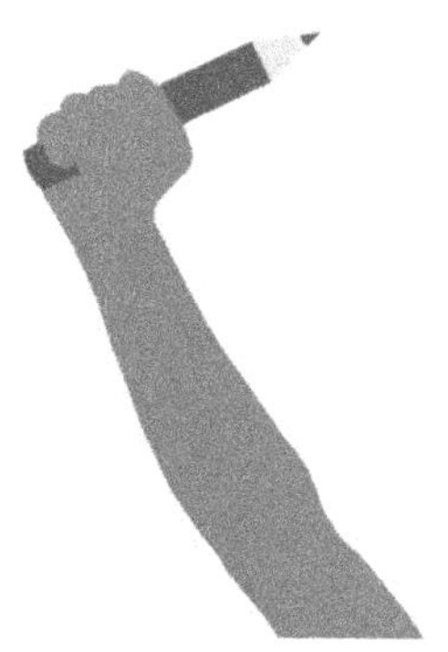

STUDIO UTC+1®

"Studio UTC+1®, involves the creation of projects together with designers located in different places around the world, taking advantage of the UTC+1 time zone, a way of defining order, time and discipline with the aim of achieving coordination in working hours."

The first thought that I had when setting up Studio UTC+1® was that of defining "order" which, in my opinion, is perhaps the main talent of a good architect. I therefore thought that the most effective way to create this sense of order could be through a direct link with time, considered the principal dimension of organisation of mankind thus trying to place themselves within a band through coordinated universal time established for the planet by man himself.

It was then that I decided to use the time zone representative of my country as the identifying name of the studio.

The second thought that I had, once the diffused studio name had been chosen, was to not make it "exclusive", i.e. not transformed into yet another place where people are "selected", where they feel under examination or a victim of injustice as often happens in the world around us, but a place where any professional within the sector (architect,

surveyor, engineer) could join simply by filling in a registration form on the website of the group, where the only condition is obviously to be willing to cooperate fully in this ambitious project.
Becoming a part of the studio does not only mean joining the team, but combining strengths and knowledge and engaging with other people, ultimately being represented by others and representing others. Therefore, having the power of mutual representation with colleagues as well as the possibility of being able to claim to be geographically dispersed, to have colleagues from the same group present in many cities and countries around the world, to feel free to contact them for advice and ideas, to showcase work and projects and moreover, to give the impression of being everywhere around the globe as, in not having boundaries, we can be in every place, present, active, unique.
Once the group was founded it needed to be represented by means of a logo, therefore I decided to create one.
The studio logo schematically reproduces the three main bodies that form part of the UTC+1 band, the Scandinavian Peninsula, Western Europe and part of Africa.
The chosen colours range from light grey to black, which indicate the three major climatic zones of the world: tropical, temperate and polar.
The shape of the logo represents our "picket" as a signal in all of the territories covered by the presence of STUDIO UTC+1®.

The picket, planting the picket, can be compared to two situations:

- a climber, thus a mountain or a snow picket, needed for reassurance on snow, ice or rock faces; a way of keeping safe during certain activities

- reaching a goal, conquering a space, thus leaving a sign of presence on a given territory

This determines the "presence" of a group of people in a particular place and therefore the picket symbolises that a collective activity has happened in these places, the clearest example of human life and civilisation.
Since its inception, Studio UTC+1® has exerted a particular charm, especially for people evidently in difficulty professionally but also for young graduates and students. All of this has greatly emphasised the need to transform the studio into a coherent and global project, capable of providing answers and proposing projects in order to cope with the many challenges that have arisen and that will arise.
There are some people in Studio UTC+1® that see only a network of contacts, a new website where they showcase their own portfolio and then disappear into thin air without participating in any activity proposed by the group; this makes very little sense considering the much broader visibility of other web platforms. In these cases, it is clear that we do not necessarily need to wait for the

participation of everyone, but rather understand that as in all groups, initiative lies within a core group of more dynamic and proactive members.

This choice has several advantages, the first obviously being to freely choose whether or not to participate in the proposed activities, the second being to get the attention of those who are really interested in that particular activity.

These more active members must have, along with myself - the president and founder of the group, the ambition to develop a policy of cooperation in order to deal with the many problems that professionals of our time are facing. We must join forces and give new impetus to the professional development of us all, without being presumptuous yet engaging with others with humility and willingness, becoming promoters of a common thought and finally speaking about the issues of architectural design and modern urban planning with one common voice.

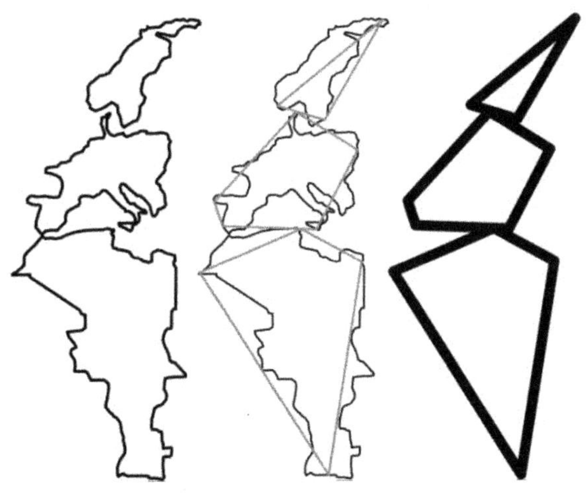

PRACTICAL ISSUES

From a purely practical point of view, Studio UTC+1® may be seen as a classic temporary association between professionals through the management of work in such a way that it is divided among individual professionals; in particular, a single professional, the group leader, identifiable as he who proposes the project, is responsible for the overall management and the successful outcome of the activity, dealing with the client alone on behalf of all of the others and finally, receiving the total payment and dividing it among the other members of the group based on the work carried out.

A trademark, the logo of the studio itself, supports this temporary association between professionals, which is fundamental in representing the work of the entire group by means of a distinctive mark.

Despite the great premises, one cannot always be prepared to work as part of a team.

It is easy to say: *"I really like the idea of this team, however I still think that I am deeply attached to a certain kind of real relationship and constant closeness with my colleagues and I believe that inspection, relief and a visual approach of the intervention site is always necessary, what can I do?"*

When replying to a question like this, I try to make it clear that the diffused studio should

not only be seen as a promise or as a way out of the professional impasse that we are currently all in, but rather as a challenge, a challenge for ourselves, to discover areas that we have never explored plus allow others to discover things belonging to us and as such we can share them with our friends and colleagues. Therefore, limiting ourselves does not let us go far, but rather hinders our professional growth, while having the ability to tackle situations that are out of the ordinary for us in the way that we view design can be not only interesting, but also necessary to keep up with the times.
Whilst still looking at the practical aspect, we can, for this type of group work, identify a basic structure divisible in two main phases:

- Preliminary phase: propositions from each of the designers of their design ideas, comparing them to those of the others resulting in a debate leading to a definitive and well-defined design idea made up of the best ideas from each designer. This phase is obviously open to all of the designers in the group and is vital for getting to know each other and transitioning to the second phase.

- Executive phase: the division of the work according to the abilities of the designers within the team, which allows the design to be developed in the best way possible.

Now we will look at two practical examples in an attempt to understand how teamwork develops and how a society is formed.
Teamwork is comparable to that of a sports team, it is nothing more than a collection of people that train, engage and play as a team.
Within a team, everyone has a well-defined role. It is vital that everyone trusts each other and everybody tries to play to their strengths so as to give the best of themselves, for themselves and for others. A team will be successful when it is equipped with qualified professionals, but above all when it is well organised, compliant and everyone respects each other.
However, within a team, it can sometimes occur that a player does not respect their role or clearly demonstrates that they are more suitable for that of another player in a determined role. Therefore, there will be a change that is part of the evolution of the team itself, such as the acquisition of a new team member who can bring new ideas and, hopefully, improve the team.
Similarly, among us professionals, everyone will have their own role, the architectural design is our team game, our scheme, our direction, our way of doing things. Once established, in engaging with each other, we will carry out that considered a workout for a team, through which it will be easy to determine roles according to capabilities, and in leveraging the full potential of each of us, we will be ready to play the game.

The formation of a society on the other hand, can be easily compared to the concept of a city, a city that is defined by all architectural theorists and historians as the ultimate expression of man on earth, referred to as the clearest example of civilisation, the example of a permanent fact, universal and necessary, given by the human need to create an environment that is more auspicious to man's life, and this is how a city grows, increasing its services, acquiring consciousness and memory of itself, thus becoming an integral part of human life, memory, culture, each fact of life, every memory will be connected to a certain place.

A city is made by mankind, mankind as an architect, sharing experiences with others, participating in collective activities, listening to the needs of other people and through these choices, streets, neighbourhoods and landmarks are formed.

This is also how a diffused studio of architecture is born; a society belonging to a unique city in the world, a virtual city that embraces all cultures and brings them together, creating a mature and continuous engagement between different realities.

UNION, PARTICIPATION AND ENGAGEMENT

Once inside the dream, union, enthusiasm and willingness to work together and trust each other need to be created.
Respecting each other is important, as it always is when working as part of a group, a team or as part of civil society.
Clearly this new idea wasn't easy, but who ever said it was going to be?
I did not care, we did not care, I wanted a team, a group of people ready to work together, without leaving their own studios, their neighbourhoods and their cities. All of it had to be done through the means offered in our day and age, through the Internet.
The first step in creating a solid understanding between the various professionals was respect for others and ourselves.
Respect for ourselves comes from the ability to understand our working aptitudes, understanding how we can be more effective and in which sector. This can also be simply identified based on our academic histories and professional experiences up until the revelation of this new adventure.
Respect for others comes from understanding the time that you can dedicate to others, respecting deadlines and confirming your availability in accordance with the rules, but mostly understanding when to participate and

when it may be better to wait for a more appropriate time to match our own professional activities with those of the group.
Even this is union, even merely understanding which team you would like to join, waiting for the right moment, helping the group in your own way, participating.
It therefore requires harmony and coherence between all of the members of the group.
Having created the group, I could not be satisfied, there had to be engagement and participation, willingness to take an interest, to propose activities and to get to know others.
It involved encouraging this kind of activity, putting an end to the "closure" that is triggered upon graduating. It involved overcoming that cultural reduction and braving the most disparate realities, in the form of simple generational differences between designers, different attitudes, different academic histories, different teachers, different cities and nations.
Regardless of the major logistic difficulties of group work, it cannot be denied that work is divided and therefore it is significantly less than that which can be produced alone, however other than this, you absolutely cannot ignore the support from colleagues, the desire of going forth and achieving a certain goal, the ability to "hide" and listen when you have the chance to learn or show when you have the chance to illustrate your virtues as a designer depending on the circumstances; all of this can only be acquired as part of a group! Is it not the same in every day life? Ever since the day

we enter the world we have had someone around us, we form a "group" with our parents, with our relatives, with our friends, with people that we meet in the street and with whom we share our thoughts.
So why not have all of this in our professional activities too? Sharing and engagement, the use of social networks, the fruition of websites and the desire to feel that we are there. In the moment in which we showed everyone our project, we were already sharing with everyone.
Even only this is a clear example of participation, however more can certainly be done. We can take part in projects, propose projects to others, get to know people, gain respect, leave a reminder in the minds of colleagues with the aim of enhancing ourselves, understanding our limits and trying to overcome them through engaging with others.
Yes engagement is necessary, fundamental, as it can allow us to find new working partners, showing us that having the opportunity to work with different people from different places can lead us to develop a particular affinity with a colleague, a possibility that we could never have had focussing on merely our home towns, former university colleagues, old relatives and friends; all of this, working from time to time with the best possible colleagues by creating a network of contacts, is the ultimate goal of Studio UTC+1®. We must not therefore be afraid to have proposed or worked more within a group on a specific project, but rather, be

first of all proud to have put such a strong personal stamp on that project, a source of pride for every designer. Second of all, to have had the opportunity to stand out in the best way from our colleagues, consequently having more possibilities for the future in having openly demonstrated our abilities to other colleagues and therefore having proved to be more suitable than others for future collaborations, even those outside of the group.

Finally, we can demonstrate that at zero-cost, but above all everyone remaining in their professional studio in their city in their neighbourhood and with only the use of IT tools, we are able to compete with large architectural firms, we can prove that we have the same strength and the same quality being so many people together, having perfect knowledge of IT tools, having innovative ideas, having the possibility to finally bring these ideas to life without continually suffering from those of others, receiving the same professional treatment in comparison with others just by having the same degree. We can demonstrate winning, being the future and becoming the new means of architecture in the world.

THE DIFFUSED STUDIO AS HISTORY

I will try to demonstrate how the diffused studio, seen as a collaboration via the Internet of many associated professionals that maintain their individuality, is a consequence of history itself.
History is the occurrence of human events, the unfolding of civilisation and the study of facts and their structure. It concerns not only the material aspect of facts but also the summary of a set of values, of ideas that go beyond the physical form and the fact itself, marking an imaginary continuity.
Much of history is about wars, battles and invasions, illustrating the most difficult moments of humanity that are almost always linked to freedom. Through history we can understand how the unison of populations in difficult and desperate times has always created an extraordinary force that enabled the regeneration of the people themselves.
We can therefore say that the union between populations is the best example of civilisation. Through history, collective memory is generated by which we can know and understand the quality of the people themselves. Memory; namely the ability to retain and recall previous experiences. We can have two types of memory, the collective

memory and the individual memory of each person.
Through memory, each individual develops their own culture and individuality; linking their own facts to those of others generates another culture, other knowledge and other strengths and puts into play, applies and experiments with different strengths.
Therefore, collaboration and participation and the union between individuals leads to growth and forms part of history itself, thus even the diffused studio becomes part of history. It sanctions the union between the past and the future as it brings with it the memory of the past, coming from the collective memory, from the studio, from the life of each individual in their town, and it is also projected towards the future as it leverages the reality of today's world with a broad vision, while maintaining the foundations of the memory of the past.
Speaking of the future, we must hypothesize the evolution and the changes that the diffused studio may be subjected to over time, through transition into new eras and all of the transformations that follow.
We will attempt to predict how these changes might occur and try to understand how and to which areas they apply and the effects that they may have.
We can distinguish two theories: the first is to look at the economic facts as pre-eminent to the development of anything, as they illustrate the concrete possibility of the development and maintenance of an idea in the future. Thus, in looking at the evolution of the diffused studio,

we must imagine the economic recognition firstly at present but also over time that can give new impetus to architectural and urban design activities.
The second theory, which is also very specific, identifies the relationship between components themselves, between the cities and the municipalities in which the professionals are in relation to the community, as a focal point for the development and consequent evolution of the diffused studio.
This raises the issue of choices, very often of a political nature, that must be taken in light of understandings and agreements related to passion and participation within the group, proposing new activities on behalf of themselves and others. Only as such may the diffused studio remain abreast of history.

THE MANIFESTO

The manifesto of the group includes, by my own choosing, as an introduction, a quote by the Russian Painter Wassily Kandinsky:

« Art exceeds the limits in which time would like to constrict it, and indicates the content of the future. »

(Wassily Kandinsky, *Point and line to plane*)

This is for two main reasons:

This first is to understand how important it is to have a creative spirit in our profession as architects, without ever forgetting that it forms part of art and underlines the fact that creativity and innovation generate attraction, attention and thus, success. The second is to understand the importance of the "future", namely how important it can be to invest in an idea that is original and focuses on the future.

Subsequently, the manifesto indicates the "time" by means of the era in which we live and what it allows us to have:

In an age where it is possible to find and discover streets, squares and cities of entire countries in the world in just a few seconds, in an age in which you can create infinite virtual friendships and quickly transform them into real friendships, our group was created in order to make architecture a part of this, we are situated there, not in a specific place, but in a band, a band marked only by the time that for convention sets it apart.

Once the time was set, the manifesto asks two questions, to indicate the newness of the concept of a diffused studio of architecture, the first to express what would happen "if" and the second to express the ability to make it happen:

What happens if, for the realisation of a project, the group of designers is not formed by people from the same city or old friends, but by technicians of different cities or nations that all take part in the project at the same time while remaining in their own studios?

Is it possible for the construction of a plaza, a park or a building to have that all-important contribution and cultural enrichment that comes from a different approach of a different designer from another country?

At this point, all that remained for the manifesto was to outline the highlights of Studio UTC+1®:

I hereby proclaim:

1 That Studio UTC+1® is a diffused studio and, like a diffused hotel, it is created in a special way, it is not built, but it is born by creating a network of pre-existing spaces;

2 That Studio UTC+1® forms part of the realisation of projects along with other designers located in several places on the planet, leveraging the UTC+1 time zone in order to achieve coordination in working hours;

3 That the inspiration of our projects is given by the association between memory, culture and participation;

4 That among Studio UTC+1®'s aspirations is to travel the architectural space as widely as possible, between tradition and innovation, searching for a language that reflects the changing times and the transformations that are deduced;

5 That Studio UTC+1® accepts all architectural renovation ideas that experiment with new technologies while respecting the environment;

6 That each member contributes to the diffusion of Studio UTC+1® nurturing interest and confidence in its growth, by asking questions about unknown topics and by making their knowledge available for the learning of others.

At this point the message was clear, who we were and what we wanted to do, all we needed to was do it, resulting in something concrete,

and concrete to us architects is a project which is realised.
These points, defined in collaboration with colleagues and group members Nadia Bove, Marilena Leto and Pier Manuel Scarpato, aim to create guidelines for the diffused studio of architecture, seen as a project that involves all professionals of the sector on a global scale, which gives everyone the opportunity to become part of a project in which to believe, in which to invest for themselves and for others.

INDEX

www.ingramcontent.com/pod-product-compliance
Ingram Content Group UK Ltd.
Pitfield, Milton Keynes, MK11 3LW, UK
UKHW020218250726
13967UKWH00001B/62